Une Maison de Paris

par

René Modiano et Gunnel Öström

Ernst Klett Verlag

Personnages

Mme Machu, *concierge du 22*
M. Machu, *son mari*
M. Cordon, *concierge du 24*
Mlle Mimi, *modiste* ⎫
M. Lafleur, *poète* ⎭ *locataires du sixième étage*
M. et Mme Dupin, *locataires du deuxième étage*
Henri Dubois, *15 ans*
Suzanne Dubois, *18 ans*
Yvonne Dubois, *20 ans*
Le vitrier
Pierre Duval, *14 ans*
Le propriétaire
Le visiteur: Eustache Deschamps, *représentant de commerce*
Toto, *leur fils*

ISBN 3-12-595200-X

1. Auflage   1 16 15 14 | 1989

Alle Drucke dieser Auflage können im Unterricht nebeneinander benutzt werden, sie sind untereinander unverändert. Die letzte Zahl bezeichnet das Jahr dieses Druckes.
© Almquist & Wiksell / Gebers Förlag AB, Stockholm 1952.
© für diese Ausgabe Ernst Klett Verlag GmbH u. Co. KG, Stuttgart 1962. Alle Rechte vorbehalten.
Illustrationen: Sabine Brecht-Schonauer. Umschlaggestaltung: Hans und Isolde Köhler, Stuttgart.
Druck: Gutmann + Co., Heilbronn. Printed in Germany.

Table des matières

Scène	Grammaire	page
1	Introduction	5
2	Le pronom personnel; en et y	6
3	L'adjectif et le pronom possessifs	7
4	L'adjectif et le pronom démonstratifs	8
5	Le pronom relatif	10
6	Les pronoms interrogatifs	11
7	Les pronoms indéfinis	12
8	Même et tout	14
9	Le futur proche, le futur simple et le futur du passé	15
10	Devoir	16
11	L'imparfait et le passé composé, le passé immédiat	17
12	L'imparfait et le passé simple	18
13	Le conditionnel (mode)	20
14	Le conditionnel (temps)	21
15	Le subjonctif	23
16	L'infinitif	24
17	Les conjonctions	25
18	La négation	27
19	La place des adjectifs	28
Vocabulaire		30

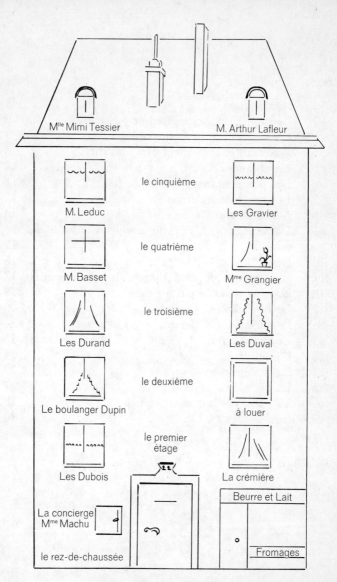

1

Il y a dans chaque maison parisienne un personnage d'une importance exceptionnelle : la concierge. Elle habite dans une loge à porte vitrée, d'où elle regarde passer tous ceux qui entrent ou qui sortent. Par la fenêtre, elle voit tout ce qui se passe dans la rue. Elle occupe, comme on dit, une position stratégique. Elle ne quitte pas sa loge sans mettre à la porte un écriteau annonçant : « La concierge est dans l'escalier » (ce n'est pas sûr ...), « La concierge revient tout de suite » (n'en croyez rien ...), ou, tout simplement, « La concierge est ailleurs » (cette fois, c'est sérieux, on peut le croire). Mais elle n'annonce jamais qu'elle va bavarder avec la locataire du troisième, ou avec le concierge du 24 ...

La concierge montre les appartements à louer, quand il y en a dans la maison, et si vous ne lui plaisez pas, vous n'avez aucune chance. C'est elle qui reçoit des mains du facteur le courrier de tous les locataires, et qui est la première à le lire. Comme il n'y a pas de noms sur les portes, c'est elle qui dit au visiteur, quand elle est là, que M. Durand habite au troisième à gauche.

Si on ne s'entend pas avec sa concierge, la vie devient un enfer; mais si on jouit de sa sympathie, c'est le paradis. La concierge reçoit les paquets que livrent les grands magasins quand il n'y a personne à la maison, elle accompagne l'ouvrier
⁵ qui vient faire une réparation et lui montre le robinet qui fuit. Elle fait le ménage du monsieur du cinquième en attendant qu'il trouve une nouvelle femme de ménage. Si la dame du quatrième est paralysée par une crise de rhumatisme, elle fait le marché pour elle, et lui prépare même un bon potage aux
¹⁰ légumes. Enfin, elle donne à toute la maison des consultations médicales gratuites, tient la liste complète des bons et des mauvais médecins du quartier, connaît dans chaque cas les médicaments qui guérissent et ceux qui n'agissent pas.

Tous les soirs, elle ferme la porte de la maison avant de se
¹⁵ coucher. Pour sortir, il faut alors prononcer à haute voix les mots magiques: « Cordon, s'il vous plaît! », et la concierge, qui dort profondément, tire le cordon placé près de son lit en rêvant qu'elle sonne les cloches de Notre-Dame. Pour entrer, il faut sonner, et attendre patiemment qu'elle ouvre la porte
²⁰ par le même procédé. En effet, les locataires n'ont pas de clé, et ils doivent crier leur nom s'ils ne veulent pas être poursuivis par une concierge en chemise de nuit et armée d'un balai!

La concierge sait tout, lit tout, voit tout, entend tout, peut
²⁵ tout. Comme Dieu, elle est partout, mais en outre elle peut aussi être « ailleurs » ...

2

MME MACHU. — Anatole, laisse ton journal, et écoute-moi.

M. MACHU. — Tu veux encore que j'aille voir le propriétaire pour lui parler du chien de M. Basset? Je t'ai déjà dit que
³⁰ j'en ai assez de cette histoire et que je ne veux plus lui en parler. La dernière fois, il était furieux.

MME MACHU. — Non, tu n'y es pas. J'ai reçu ce matin la visite de Mme Grangier.

M. MACHU. — Et elle trouve que son appartement n'est pas assez chauffé ? Je n'y peux rien, elle me l'a déjà dit, et je lui ai répondu ...

MME MACHU. — Laisse-moi donc parler. Tu m'interromps tout le temps ! Les Gravier, qui viennent d'emménager au cinquième, ont trouvé un grenier vide, et ils se le sont approprié. Ils ont un tas de vieilles affaires et ils les y ont mises. Eh bien ! c'était le grenier de Mme Grangier !

M. MACHU. — Qu'est-ce que tu veux que j'y fasse ?

MME MACHU. — Elle est furieuse. Elle dit que s'ils ne le lui rendent pas, elle le leur reprendra par la force. Et si nous voulons l'en empêcher, elle ira protester auprès du propriétaire et lui demander de chercher une nouvelle concierge.

M. MACHU. — Eh bien, dis aux Gravier de lui rendre son grenier !

MME MACHU. — Dis-le-leur, toi ! Si c'est moi qui le leur dis, ils ne le feront pas.

M. MACHU. — Eh bien, ne le leur dis pas, mais ce n'est pas moi qui le leur dirai. Ils ont été gentils, et je veux être envers eux comme ils sont envers moi. Et puis, Mme Grangier est une vieille sorcière. Mais ne le lui dis pas !

3

MME MACHU. — Bonjour, monsieur Cordon ! Comment vont vos rhumatismes ?

M. CORDON *(concierge du 24)*. — Pas très bien, madame Machu, pas très bien. Et votre rhume de cerveau ?

MME MACHU. — ... Atchoum ! Pas très bien non plus, comme vous voyez. Chacun a ses misères. J'ai les miennes, vous avez les vôtres, les Benoist ont les leurs. Au fait, qu'est-ce qu'ils deviennent, les Benoist ?

M. CORDON. — C'est de pire en pire. Vous vous rappelez que leur fils aîné est tombé de sa motocyclette et s'est cassé le bras?

MME MACHU. — Et qu'il a renversé en tombant la fille de leurs voisins, qui a eu son manteau abîmé. Et votre femme a dû lui prêter le sien pour qu'elle puisse sortir hier soir ...

M. CORDON. — Eh bien, maintenant, c'est le père qui a été attaqué dans la rue par des bandits!

MME MACHU. — Son père à elle?

M. CORDON. — Non, son père à lui. Vous savez qu'il est garçon de recette. Les bandits l'ont attaqué dans une petite rue étroite et se sont enfuis.

MME MACHU. — Ont-ils pris beaucoup d'argent?

M. CORDON. — Non, heureusement il n'avait que le sien, et pas celui de la banque.

MME MACHU. — Est-il blessé?

M. CORDON. — A peine. Son nez est tout rouge, et il a des bleus sur tout le corps. Mais c'est surtout sa femme ...

MME MACHU. — Est-ce qu'elle a aussi été attaquée?

M. CORDON. — Non, mais elle a eu un choc terrible. Et il a fallu l'emmener à l'hôpital ce matin ...

MME MACHU. — Oh, les pauvres gens! Et qui s'occupe de leurs enfants? Mme Bernard a déjà les siens, les Duvivier ont les leurs, Mme Brun a son mari qui est malade ...

M. CORDON. — C'est leur cousine de la campagne qui va venir. Ils viennent de recevoir son télégramme.

4

M. MACHU *(arrivant furieux)*. — Qui a cassé les carreaux de la fenêtre de la cuisine de l'appartement du troisième?

MME MACHU. — Celui des Durand ou celui des Duval?

M. MACHU. — Celui des Durand. J'ai rencontré M. Durand dans l'escalier, il était furieux. Il s'est aperçu de ça ce matin en se levant. Il m'a dit: « C'est sûrement les fils des Duval. Je n'ai rien entendu cette nuit, et hier il a joué toute la journée dans la cour avec son gros ballon de football. »

MME MACHU. — Non, ce n'est pas lui. Il est très gentil, cet enfant-là. C'est plutôt celui des Dubois. Ah! celui-là, je le crois capable de tout.

M. MACHU. — Et pourquoi est-ce que ce ne serait pas les enfants du boulanger?

Complétez par des adjectifs ou des pronoms démonstratifs.

MME MACHU. — Alors ce serait plutôt ... de la crémière, les deux plus jeunes, ... qui est roux, et ... qui a le nez crochu. L'un ne vaut pas mieux que l'autre.

UNE VOIX *(chantant dans la rue).* —

    Encore un carreau de cassé,
    V'là l'vitrier qui passe,
    Encore un carreau de cassé,
    V'là l'vitrier passé!

MME MACHU. — Ça, c'est de la chance! *(Elle va à la fenêtre et appelle:)* Vitrier! Allez donc chez les Durand au troisième étage.

LE VITRIER. — La porte de gauche ou ... de droite?

MME MACHU. — ... de gauche. Il y a du travail pour vous.

LE VITRIER. — Est-ce que ... carreau- ... est assez grand?

M. MACHU. — Prenez plutôt ... D'ailleurs, allez voir vous-même dans la cour. C'est la fenêtre qui est à gauche, à côté de ... de l'escalier.

MME MACHU. — Et qu'est-ce que ça coûtera?

LE VITRIER. — Il faut que je voie d'abord ... que j'aurai à faire.

M. MACHU. — C'est très bien, tout ..., mais qui paiera le vitrier?

MME MACHU. — Ah ça ...

5

— M. Leduc, s'il vous plaît?
— Au cinquième étage à gauche.

Le visiteur, qui n'est pas pressé, monte lentement l'escalier, dont le tapis rouge usé semble l'intéresser vivement. Il sonne à la porte, que lui ouvre aussitôt un vieux monsieur dont on aperçoit surtout une grande barbe blanche et deux yeux bleus encore jeunes. L'amabilité avec laquelle il reçoit son visiteur, la façon dont il lui parle, montrent tout de suite que c'est un homme cultivé. En effet, M. Leduc est un vieux savant, à qui on peut toujours s'adresser sans crainte pour avoir un conseil ou une aide. Le plus grand plaisir qu'on puisse lui faire est de lui demander un service. Ce qu'il a, il le prête ou le donne, ce qui lui manque, il le trouve, ce dont on a besoin et qui n'existe pas, il l'invente.

Complétez par des pronoms relatifs.

C'est ainsi qu'il a inventé la machine avec ... Mme Machu bat le tapis de l'escalier, et ... on parle dans tout le quartier, et l'instrument à l'aide ... on peut, grâce à un radar, trouver son chemin dans la nuit la plus noire. M. Leduc cherche maintenant à construire la machine automatique ... annoncera le temps, et le cerveau électronique ... on pourra demander le pronom relatif ... on doit se servir. Mme Machu ... écoute à la porte, entend une partie de ce ... on dit: « La question ... vous venez de parler est très intéressante. Oui, la méthode à ... vous pensez est certainement la meilleure. Non, elles mourront tout de suite, sans douleur. Vous me rendez un immense service. Ne vous inquiétez pas, tout ira très bien, et personne n'en saura jamais rien. Je vous promets le secret. » Mme Machu, ... le cœur bat à grands coups, retourne vite dans sa loge, et regarde sortir le visiteur mystérieux, ... va faire la guerre aux désagréables petites bêtes ... son appartement est rempli.

6

Au sixième étage. On entend une détonation. La porte d'une des chambres de bonne s'ouvre.

M. LAFLEUR. — Qu'est-ce que c'est? Qu'est-ce qu'il y a? *(Une porte voisine s'ouvre, et Mlle Mimi apparaît.)* Ah! Mademoiselle! Qu'avez-vous fait? Vous êtes blessée? Qui a tiré sur vous?

MLLE MIMI. — Mais ... personne. J'ai seulement entendu une détonation. Qu'est-ce qui est arrivé?

M. LAFLEUR. — Moi aussi, je me demande ce qui est arrivé, et ce que cela veut dire, et qui a tiré, et sur qui on a tiré. En tout cas, ce n'est pas sur vous, heureusement. J'ai eu tellement peur ...

MLLE MIMI. — De quoi?

M. LAFLEUR. — De perdre une charmante voisine qui me rend un très grand service.

MLLE MIMI. — Lequel?

M. LAFLEUR. — Vous êtes le printemps et la jeunesse. Je suis poète. Quelle autre muse pourrais-je trouver? De qui pourrais-je dire:

« *Un rayon de soleil habite la maison* »

ou encore

« *Un oiseau a chanté cette nuit dans mes rêves ...* »

Ce n'est certainement pas Mme Machu qui m'inspirerait de tels vers!

MLLE MIMI. — Vous feriez mieux d'aller voir ce qui se passe. Qui est-ce qui a tiré, à votre avis?

M. LAFLEUR. — Attendez. Agissons avec méthode. D'abord, quelle heure est-il? Onze heures trente-six exactement à la montre de mon grand-père. La détonation a peut-être eu lieu à 11 h. 32 ou 33. Nous n'avons guère passé ensemble que trois ou quatre minutes, très agréables, d'ailleurs. C'est très important, pour la police. Qu'est-ce qu'elle nous conseillerait de faire, la police? De l'avertir, évidemment. Et quoi encore? Oh! j'ai une idée ... Cela devait être au cinquième. Allez vite chercher de la farine. Nous en mettrons partout par terre, et l'assassin marchera dessus. La police n'aura plus qu'à l'arrêter. Qu'est-ce que vous en dites?

MLLE MIMI. — C'est idiot. Je pense tout à coup qu'en effet le bruit venait du cinquième. C'est sûrement M. Leduc qui faisait une expérience!

M. LAFLEUR. — Mais naturellement! A quoi est-ce que je pense? Il m'avait prévenu ...

7

HENRI DUBOIS *(15 ans)*. — As-tu de l'argent?

PIERRE DUVAL *(14 ans)*. — J'ai une pièce de un franc. Et toi?

HENRI. — Moi, j'en ai deux. Ça ne suffit pas.

PIERRE. — C'est pourtant quelque chose.

HENRI. — Non, ce n'est rien. Tu es trop jeune pour t'en rendre compte, mais on ne peut rien faire avec si peu d'argent.

PIERRE. — Mais qu'est-ce que tu veux faire?

HENRI. — Quelque chose. N'importe quoi, mais quelque chose. Et pour faire quelque chose, il faut de l'argent.

PIERRE. — Je connais quelqu'un qui n'en a pas, et qui a l'air d'être très heureux.

HENRI. — Personne ne peut être heureux sans argent. Qu'est-ce qu'on peut faire quand on n'a pas d'argent?

PIERRE. — Des vers.

HENRI. — Fais-en si tu veux. Moi, je n'ai aucun talent, et la poésie ne m'intéresse pas.

PIERRE. — Toi, rien ne t'intéresse.

HENRI. — Si, le cinéma. Mais il faut de l'argent ...

PIERRE. — On ne donne rien de nouveau cette semaine.

HENRI. — Si, le film complet du Tour de France, au Ciné-Bastille, mais ça coûte quatre francs, et je n'en ai que deux.

PIERRE. — Si tu demandais à ton père?

HENRI. — Aucun espoir. Il a payé aujourd'hui le gaz et l'électricité. Chaque fois, il est malade. Pendant quelques jours, personne ne peut lui dire un mot ...

PIERRE. — Et tes sœurs?

HENRI. — Leur principe, c'est: « Chacun pour soi, et Dieu pour tous. »

PIERRE. — Tu n'as pas d'ami millionnaire?

HENRI. — Aucun.

PIERRE. — Alors, il ne reste que M. Leduc.

HENRI. — Comment, M. Leduc?

PIERRE. — Il m'a dit l'autre jour qu'il avait besoin de souris pour ses expériences. Si nous pouvions en trouver quelques-unes ...

8

LE PROPRIÉTAIRE. — Vous comprenez bien, madame Machu, que je ne peux pas payer tous les carreaux que les enfants cassent dans toute la maison. Je sais que tout propriétaire a des charges, mais il y a des limites à tout. C'est toujours la même chose. Tout le monde compte sur moi pour payer. Mais j'en ai assez. La prochaine fois, les locataires paieront eux-mêmes leurs carreaux, tout simplement. Sinon, il faudra bientôt remplacer des fenêtres entières, et même des portes. Celle de la cave, qu'on vient de repeindre, est déjà tout abîmée et toute couverte d'inscriptions, et vous-même, qui êtes là toute la journée, vous ne savez même pas qui est le coupable. Ces enfants sont insupportables. Je ne comprendrai jamais pourquoi tout le monde, dans le monde entier, veut avoir des enfants. *(Il sort.)*

Complétez par même *ou* tout.

MME MACHU. — Toujours le ..., et toujours la ... chose. Il croit que, parce que je suis là ... la journée, je peux ... voir et ... savoir. Je ne peux pourtant pas être à ... les étages en ... temps. Je travaille du matin au soir, je cours dans ... la maison, du rez-de-chaussée au sixième étage, j'ai les mains ... noires et ... abîmées. Je ne dors pas assez, et j'ai les yeux ... rouges. Je fais ... moi- ..., le ménage, la cuisine, la vaisselle, et je n'ai ... pas le temps de lire le journal comme ... le monde. Mais moi aussi j'en ai assez, et j'abandonnerai le propriétaire et les locataires à eux-... Ce jour-là, ils verront ce que c'est que de vivre sans Mme Machu!

9

M. LAFLEUR. — Mademoiselle Mimi, je vais vous confier un grand secret.

MLLE MIMI. — Je veux bien, mais je ne suis pas discrète, je le dirai à toutes mes amies.

M. LAFLEUR. — Ça ne fait rien. Tout le monde le saura bientôt de toute façon. Mademoiselle Mimi, je crois que je vais me marier ...

MLLE MIMI. — Félicitations! Est-ce que je serai invitée à la noce?

M. LAFLEUR. — Mais naturellement. Vous serez la reine de la fête, puisque c'est avec vous que je me marie.

MLLE MIMI. — Mais je n'ai pas dit oui ...

M. LAFLEUR. — Non, mais vous ne direz pas non. Vous verrez comme nous serons heureux tous les deux. Nous vivrons dans un rêve ...

MLLE MIMI. — Et vos parents qui espèrent que vous épouserez un jour une millionnaire?

M. LAFLEUR. — Ils me comprendront quand ils auront fait votre connaissance. Je vais leur écrire tout de suite.

MLLE MIMI. — Attendez! Vous leur écrirez quand j'aurai dit oui ... ou non. Et si nous avons des enfants, comment les nourrirons-nous?

M. LAFLEUR. — Vous continuerez à faire des chapeaux, et moi, je travaillerai comme quatre. Je donnerai des leçons toute la journée, et la nuit je ferai des vers.

MLLE MIMI. — Ce sera gai pour votre femme! Je crois que je vais dire non ...

M. LAFLEUR. — Je renoncerai plutôt à faire des vers, si vous l'exigez. Mais vous vous marierez avec moi!

MLLE MIMI. — Et où habiterons-nous?

M. LAFLEUR. — Au paradis, ici. Nous percerons le mur entre votre chambre et la mienne, nous ferons mettre une porte, nous ...

MLLE MIMI. — Et que dira le propriétaire ?

M. LAFLEUR. — Je lui expliquerai tout, je parlerai pendant deux jours s'il le faut, et quand il aura compris, il faudra bien qu'il dise oui, et quand il aura dit oui, vous ne pourrez pas dire non !

MLLE MIMI. — Eh bien ... oui !

10

LE PROPRIÉTAIRE. — Bonjour, monsieur. Entrez donc. Que puis-je faire pour vous ?

M. LAFLEUR. — Mon bonheur. Je dois me marier prochainement ...

LE PROP. — Toutes mes félicitations, vous devez être très heureux, et je le suis aussi pour vous, mais je dois vous avouer que je ne vois pas ...

M. LAFLEUR. — Vous allez comprendre, monsieur. Vous devez connaître ma fiancée ? Mlle Mimi ?

LE PROP. — Mlle Mimi ? Non, vraiment, je n'ai pas dû la rencontrer ...

M. LAFLEUR. — Un ange qui doit être venu directement du ciel, une créature du paradis, une madone de Raphaël ...

LE PROP. — Je n'ai jamais rencontré d'ange. Mon cher monsieur, vous devez vous marier bien vite et amener dans ma maison cette apparition céleste.

M. LAFLEUR. — Mais elle y est déjà, monsieur. Elle n'a jamais pu descendre tout à fait jusqu'à terre et s'est arrêtée sur mon palier, au sixième étage. Je vous dis que vous devez la connaître !

LE PROP. — Est-ce que vous parlez de Mlle Tessier ?

M. LAFLEUR. — Mlle Tessier ? Non. Si, peut-être, après tout. C'est pourtant vrai que j'aurais dû lui demander son nom. Vous dites Tessier ? Ça doit être elle, Mimi Tessier ...

LE PROP. — Eh bien, je suis ravi. Une idylle dans mon grenier ... C'est charmant ... Mais je ne vois toujours pas en quoi c'est moi qui dois faire votre bonheur ...

M. LAFLEUR. — Nous sommes séparés, monsieur ...

LE PROP. — Séparés ? Mais vous n'êtes pas encore mariés ?

M. LAFLEUR. — Justement, monsieur. Tragiquement, séparés, séparés par un mur, un mur stupide, qui est un obstacle à notre bonheur, et qui doit tomber, qui tombera, si vous le permettez.

LE PROP. — Vous voulez démolir ma maison ?

M. LAFLEUR. — Seulement faire une porte, monsieur, une toute petite porte, pour laisser passer l'amour !

LE PROP. — Eh bien, soit ! Mais à une condition ...

M. LAFLEUR. — Laquelle ?

LE PROP. — Mlle Tessier me doit le loyer de septembre. Elle doit payer ses dettes avant de devenir Mme Lafleur.

11

MME MACHU. — Ah ! Anatole ! Je n'ai jamais rien vu de pareil ! Ce matin, le facteur est venu, et il a apporté une lettre pour Mme Grangier ...

M. MACHU. — Eh bien ! C'est son métier ...

MME MACHU. — Attends un peu, tu ne me laisses jamais parler. Tu n'as jamais été très patient, mais depuis quelque temps tu ne l'es plus du tout. Donc, comme j'étais pressée et que j'avais des courses à faire, je n'ai pas monté la lettre tout de suite et je l'ai posée sur la table, là, à côté du pot de fleurs. Et je suis allée chez la crémière, qui venait d'ouvrir son magasin. Il y avait déjà beaucoup de monde, et j'ai dû faire la queue. M. Basset était juste devant moi avec son petit chien, et nous avons bavardé en attendant notre tour. Il m'a dit qu'il allait partir en vacances samedi prochain, et que cette année il avait loué une petite maison au bord de la mer et irait en Bretagne. Tu m'écoutes, Anatole ? Tu ne dis rien ...

M. MACHU. — Mais tu m'as défendu de parler ...

MME MACHU. — Tu n'es pas si obéissant d'habitude. Tu as dormi au lieu de m'écouter! Donc, le tour de M. Basset est arrivé. Il a demandé du lait pour son petit chien, et tout à coup il a pâli, il s'est retourné: le chien n'était plus là! Il est parti tout de suite à sa recherche, et j'ai acheté mon lait et mon beurre. Mais quand je suis rentrée, ah! Anatole, quel spectacle! La cage des oiseaux, qui était sur la fenêtre quand je suis partie, était par terre. Le pot de fleurs était aussi par terre, et la lettre de Mme Grangier avait disparu! J'ai cru que j'allais m'évanouir. Mais au moment où je m'asseyais dans le fauteuil, M. Basset est arrivé. Il cherchait toujours son chien, et parlait d'aller au commissariat de police, mais moi, tout à coup, j'ai compris! Je me suis levée et je l'ai conduit dans la cour de la maison d'à côté. Et là, nous avons trouvé son chien qui jouait avec celui de M. Cordon. Ils mordaient tous les deux dans la lettre de Mme Grangier. Nous avons eu beaucoup de mal à la leur reprendre, et je viens seulement d'arriver à recoller les morceaux.

M. MACHU. — C'était une lettre importante?

MME MACHU. — C'était une facture!

12

MME MACHU. — Voilà le journal. Vite, lis-moi le feuilleton pendant que j'épluche mes pommes de terre.

M. MACHU. — Mais je n'ai pas fini de me raser. J'ai une joue pleine de savon ...

MME MACHU. — Ça m'est égal. Je ne peux plus attendre. Hier, c'était tellement palpitant! Tu te rappelles, la jeune fille criait pendant que le bandit l'emportait sur son cheval ...

M. MACHU. — Mais ...

MME MACHU *(terrible)*. — Lis! *(Émue.)* La pauvre petite se débattait entre les mains de fer du bandit ...

M. MACHU *(obéissant)*. — « Tout à coup une balle siffla à leurs oreilles et effleura ... »

MME MACHU. — Ah mon Dieu! J'en étais sûre ...

M. MACHU. — « ... l'oreille gauche du cheval, qui fit un bond prodigieux. Mais le cavalier le ramena au milieu du chemin, et continua sa course folle dans la nuit terrifiante ... »

Mettez les verbes entre parenthèses à l'imparfait ou au passé simple.

« Laure ne *(se débattre)* plus. Elle *(paraître)* maintenant presque inanimée. Soudain, une seconde balle *(siffler)*, et cette fois elle *(emporter)* ... »

MME MACHU. — Ah mon Dieu! Cette fois, ça y est ...

M. MACHU. — « ... le chapeau du bandit. Son cheval *(être)* épuisé et n'*(aller)* plus si vite. Le bandit *(perdre)* du terrain, et bientôt le galop des poursuivants *(se rapprocher)*. Il *(tourner)* rapidement la tête, et *(voir)* qu'ils étaient tout près. Il *(falloir)* agir vite. De la main droite il *(sortir)* son revolver, *(se retourner)* et *(tirer)*. Derrière lui, il *(entendre)* le bruit d'un cheval qui *(tomber)* ... »

MME MACHU. — Ah mon Dieu! C'est sûrement Roland! Un si brave jeune homme!

M. MACHU. — « Il se *(pencher)* en avant et *(demander)* à son cheval un dernier effort. Il *(atteindre)* un endroit où le chemin *(se diviser)*. Sans hésiter, il *(prendre)* à droite. Mais

au moment où il *(aller)* disparaître, son cheval *(hésiter)* soudain, puis *(tomber)*. Caracas le bandit *(se relever)* bien vite, *(charger)* sur ses épaules la jeune fille qui ne *(donner)* plus aucun signe de vie, et *(disparaître)* avec sa proie entre
5 les arbres de la forêt. *(Être)*-elle morte? *(Être)*-elle vivante? » *(La suite au prochain numéro).*

MME MACHU. — Cette fois, elle est sûrement morte, la pauvre petite! A son âge, et si douce, si belle ... Quand je pense que nous ne saurons rien avant demain ...
10 M. MACHU. — Et tes pommes de terre, elles sont épluchées?
MME MACHU *(avec une mauvaise conscience).* — Tais-toi! Tu n'as pas de cœur. Tu ne comprends rien à la littérature. Et tu ferais mieux d'aller te raser, tu vas arriver en retard au bureau ...

13

15 LE VISITEUR. — Bonjour, madame. C'est bien ici qu'il y a un appartement à louer? Je m'appelle Deschamps, Eustache Deschamps, et je suis représentant de commerce, 43 ans, décoré de la Légion d'honneur. Si j'ai l'appartement, vous verrez que je suis le locataire idéal. Je ne ferai pas de bruit,
20 je ne casserai pas de carreaux ...
MME MACHU. — Il y a déjà plusieurs personnes qui sont venues ce matin ...
LE VISITEUR. — Mais il n'est pas encore huit heures! En tout cas, si j'avais l'appartement, je ne me marierais pas, je
25 n'aurais pas d'enfants, ni de chien, ni de piano, et je ne serais jamais là. Je suis toujours en voyage. Oh! si je pouvais l'avoir ...
MME MACHU. — Oui, mais le propriétaire l'a pratiquement promis à la femme du petit-cousin de sa belle-sœur ...
30 LE VISITEUR. — Oh! quel dommage! Si seulement elle était veuve, je l'épouserais tout de suite. Je serais le mari modèle ... *(Le téléphone sonne.)*

MME MACHU. — Allô ... Bien, monsieur ... Entendu, monsieur ... Au revoir, monsieur ... *(Au visiteur.)* C'était le propriétaire. L'appartement est loué ...

LE VISITEUR. — Que c'est triste! Si je l'avais eu, j'aurais fait n'importe quoi pour vous faire plaisir. Je vous aurais invitée au cinéma, je vous aurais offert des fleurs ...

Mettez les verbes entre parenthèses au temps et au mode convenables.

MME MACHU. — Vous êtes trop aimable! Moi aussi, j'*(avoir)* bien voulu vous avoir comme locataire, si cela *(avoir)* été possible. Si je *(pouvoir)* vous aider, je le *(faire)* volontiers. Est-ce que vous avez tout essayé? Si vous *(mettre)* une annonce dans le journal?

LE VISITEUR. — Je n'*(avoir)* jamais de réponse.

MME MACHU. — Et si vous *(aller)* dans un bureau de location?

LE VISITEUR. — Je *(perdre)* mon temps. Le seul moyen *(être)* de tuer une vieille dame et d'aller demander son appartement au propriétaire avant qu'on ne l'ait trouvée. Mais alors c'est en prison que j'*(emménager)*.

MME MACHU. — J'ai pitié de vous. Donnez-moi votre adresse. Si un jour il y *(avoir)* un autre appartement à louer dans la maison, je vous *(écrire)* tout de suite.

LE VISITEUR. — Vous *(être)* un ange si vous le *(faire)*!

14

MME DUPIN. — Tu n'as pas vu Toto? Il devait rentrer à 7 heures au plus tard, et il n'est pas encore là!

M. DUPIN. — Où est-il?

MME DUPIN. — Il m'a dit qu'il allait jouer avec des camarades, mais qu'il serait là à 7 heures. Il m'a promis qu'il ne serait pas en retard.

M. DUPIN. — Mais tu ne lui as pas demandé s'il tiendrait sa promesse? C'est ta faute. Tu crois toujours ce qu'il te dit.

MME DUPIN. — Et toi, tu ne l'as pas cru, dimanche dernier, à la pêche, quand il t'a dit que le poisson allait mordre, et qu'il a attaché au bout de ta ligne une boîte à sardines vide ?
M. DUPIN. — Et toi, l'autre jour, quand il devait t'aider à faire la cuisine, et qu'il a mis les pommes de terre dans la casserole sans les éplucher ni les laver ? Je t'ai toujours dit que tu ne savais pas l'élever, et que tout cela finirait mal.
MME DUPIN. — Et toi, tu cries beaucoup, mais tu ne l'élèves pas du tout ... *(A Toto.)* Ah! te voilà enfin! Où étais-tu? Tu m'avais dit que tu serais là à 7 heures!
TOTO. — Ce n'est pas ma faute. Je ne savais pas qu'elle s'arrêterait ...
M. DUPIN. — Qui?
TOTO. — L'horloge du canal Saint-Martin.
M. DUPIN. — Toujours de bonnes excuses! Et que faisais-tu au canal Saint-Martin?
TOTO. — C'était pour voir qui arriverait le premier ...
M. DUPIN. — De qui parles-tu? Est-ce que tu as encore fait la course avec Henri? Je t'ai déjà dit que tu ne devais pas jouer avec lui, et qu'un beau jour vous vous feriez écraser tous les deux dans la rue!
TOTO. — Mais non. C'était le chien de M. Basset ...
M. DUPIN. — Quoi! Tu as fait la course avec le chien de M. Basset?
TOTO. — Non. C'est lui qui devait faire la course avec le chien de M. Cordon. Nous les avions attelés à de petites voitures. J'avais parié avec Marcel que Médor arriverait avant Fifi. Et tu sais, c'est moi qui avais raison. Il allait gagner, mais ...
M. DUPIN. — Mais?
TOTO. — Mais tout à coup M. Basset est arrivé ...
M. DUPIN. — Ah, mon Dieu! Si j'avais su que j'aurais un tel fils.
TOTO. — Qu'est-ce que tu aurais fait?
M. DUPIN. — Rien ...

15

Dans l'escalier.

MME DUVAL. — Bonjour, madame. Croyez-vous que ce soit vrai?

MME DURAND. — Quoi?

MME DUVAL. — Ce qu'on dit.

MME DURAND. — Qu'est-ce qu'on dit?

MME DUVAL. — Cela m'étonnerait que vous ne le sachiez pas. Je ne crois pas qu'on ait parlé d'autre chose dans la maison depuis ce matin.

MME DURAND. — Il est possible qu'on en ait beaucoup parlé, mais pour que je l'entende, encore fallait-il que je sorte.

MME DUVAL. — C'est la nouvelle la plus sensationnelle que j'aie entendue de longtemps, quoique, à vrai dire, je doute un peu qu'elle soit vraie. On prétend que M. Lafleur se marierait avec sa voisine, la petite modiste!

MME DURAND. — Vous êtes sûre? C'est la première fois que j'entends parler de cela.

MME DUVAL. — Je ne suis pas sûre que ce soit vrai, mais je suis sûre qu'on le dit, et comme il n'y a pas de fumée sans feu, il est peu probable qu'on ait inventé cela de toutes pièces. En tout cas, je vous le dis pour que vous le sachiez, mais il vaut mieux que vous n'en parliez à personne, au moins avant que la nouvelle ne soit officielle.

Mettez les verbes entre parenthèses au mode convenable.

MME DURAND. — Il est vrai qu'on les *(voir)* souvent ensemble depuis quelque temps. Hier soir encore, je les ai vus sans qu'ils le *(savoir)*. La pauvre petite! Je souhaite de tout mon cœur qu'elle *(être)* heureuse, mais je crains bien que cela ne *(finir)* mal. Je ne crois pas qu'on *(pouvoir)* sans catastrophe épouser un poète ...

MME DUVAL. — Pourvu qu'ils s'*(aimer)*, il se peut que tout *(aller)* bien. Mais s'il exige qu'elle *(écouter)* ses vers toute la journée, il est bien probable que cela ne *(durer)* pas longtemps. Le mieux qu'il *(pouvoir)* faire, ce serait de renoncer à la poésie.

MME DURAND. — Il est peu probable qu'il le *(vouloir)*. C'est la seule chose qu'il *(être)* capable de faire.

MME DUVAL. — Après tout, il vaut mieux qu'il *(faire)* des vers que de ne rien faire.

MME DURAND. — Vous avez raison. Il faut qu'un homme *(faire)* quelque chose. C'est ce que je dis toujours à mon mari. Et puis, on ne peut jamais savoir. Qu'ils se *(marier)*, et on verra bien ...

16

SUZANNE DUBOIS *(18 ans)*. — Yvonne, il y a une lettre de Jacques pour toi.

YVONNE DUBOIS *(20 ans)*. — Comment peux-tu savoir qu'elle est de Jacques?

SUZANNE. — Je l'ai peut-être lue ...

YVONNE. — Tu n'aurais pas osé le faire, et si tu l'avais fait, tu n'oserais pas le dire.

SUZANNE. — Je sais peut-être reconnaître les écritures ...

YVONNE. — Mais l'adresse est écrite à la machine!

SUZANNE. — Alors, j'aime mieux te dire la vérité, puisque tu veux la savoir. J'ai vu que la lettre venait de Marseille.

YVONNE. — Et comment sais-tu qu'il est à Marseille en ce moment?

SUZANNE. — Est-ce que tu ne lui as pas écrit hier? Est-ce que tu ne m'as pas envoyée acheter un timbre? Est-ce que je n'ai pas dû courir mettre la lettre à la poste? J'ai couru, pour te faire plaisir, mais j'ai quand même eu le temps de lire l'adresse!

YVONNE. — Je ne te demanderai plus jamais d'aller mettre mes lettres à la poste, je ne te ferai plus jamais rien faire, puisque tu n'es pas capable de le faire avec la discrétion qui convient à une sœur cadette. *(Elle commence à lire la lettre.)*

SUZANNE. — Tu n'as pas encore fini de lire ta lettre? Qu'est-ce qu'il te dit?

YVONNE. — Ne cherche pas à le savoir, tu ne réussiras pas à me le faire dire!

SUZANNE. — Je sais que tu serais très malheureuse de ne pas me faire tes confidences. Au lieu de te faire prier, tu ferais mieux de tout me raconter. Autrement je commencerai à croire qu'il ne t'aime plus!

YVONNE. — Eh bien! Il a encore beaucoup à faire à Marseille, et il me demande d'essayer d'aller le rejoindre pour une semaine.

SUZANNE. — Est-ce que tu comptes y aller?

YVONNE. — Je ne sais pas. Moi, je serais toute prête à partir, et je serais si contente de visiter Marseille avec lui! Mais il y a le bureau ... Si je pouvais obtenir de prendre maintenant une semaine de congé ... Et puis, il y a papa ...

SUZANNE. — Je m'en charge ... si tu m'emmènes! Madeleine m'a invitée à aller la voir là-bas quand je voudrai. Papa ne voudra pas me faire manquer une telle occasion! Et tu m'accompagneras, pour me surveiller ...

| 17 |

MLLE MIMI. — Madame Machu, je suis très ennuyée!
MME MACHU. — Pourquoi donc, ma petite?
MLLE MIMI. — Je vais bientôt me marier ...

MME MACHU. — On peut se marier sans que ce soit une catastrophe.

MLLE MIMI. — Ce n'est pas cela. Je ne peux pas me marier sans savoir faire la cuisine. Il est très gourmand, et il dit que, pour faire de la bonne cuisine, il faut y mettre un peu de son âme! Et qu'un bon plat est comme un beau poème! Il faut que j'apprenne à mettre mon âme dans une casserole avant de me marier. Pour qu'il ne s'aperçoive de rien, je me suis toujours arrangée pour aller au restaurant avec lui quand nous devions manger ensemble.

MME MACHU. — Évidemment, cela ne peut pas durer. Mais il faut apprendre. Moi, je ne savais rien, et j'ai tout appris après m'être mariée.

MLLE MIMI. — Mais moi, il faut que j'apprenne avant, avant qu'il ne s'en aperçoive. Il faut absolument que vous m'appreniez, même un tout petit peu. Tenez, rien que la soupe à l'oignon, par exemple. Je donnerais n'importe quoi pour lui faire une soupe à l'oignon, et qu'il la trouve bonne.

MME MACHU. — Pour faire une bonne soupe à l'oignon, il faut bien faire revenir les oignons dans la poêle ...

MLLE MIMI. — Faut-il les éplucher avant de les mettre dans la poêle?

MME MACHU. — Naturellement, et tenez-les loin de vous pour ne pas avoir les yeux rouges. Ensuite il faut mettre les oignons dans l'eau bouillante, avec un tout petit peu de vinaigre ou de citron, et mettez le tout à gratiner au four après avoir ajouté quelques tranches de pain avec du fromage râpé.

MLLE MIMI. — Oh merci! Je vais commencer par faire une soupe à l'oignon. Cela fera déjà un repas. Vous voulez bien me donner encore quelques recettes avant que je me marie?

MME MACHU. — Bien sûr! Cela me rappellera le temps où j'étais jeune mariée, et où M. Machu avait encore des cheveux ...

MLLE MIMI. — Je ne sais pas comment vous remercier ! J'ai déjà essayé votre recette de soupe à l'oignon ...

MME MACHU. — Ne me remerciez pas ! Je n'ai rien fait d'extraordinaire.

MLLE MIMI. — Oh si ! Vous ne savez pas quel service vous m'avez rendu. Mais ne le dites jamais à Arthur !

MME MACHU. — Non, je ne le lui dirai pas, ne vous inquiétez pas. Pas un mot, ni maintenant, ni plus tard. Entre femmes ...

MLLE MIMI. — Permettez-moi, pour vous remercier, de vous faire un petit cadeau ...

MME MACHU. — Qu'est-ce que c'est ? Oh, le joli petit chapeau ! C'est vous qui l'avez fait ? Mais ce n'est pas pour moi ?

MLLE MIMI. — Pas pour vous ? Bien sûr que si ! Je l'ai fait à votre intention. Je ne sais pas s'il vous plaira ...

MME MACHU. — Oh ! Merci mille fois. Il est ravissant ! Mais j'ai peur qu'il ne soit trop chic pour moi. Je n'ai jamais été si élégante, et avec cette petite plume verte ...

MLLE MIMI. — Ça m'étonnerait qu'il ne vous aille pas. Essayez-le ... Non, pas comme ça ... La plume de côté,

à gauche, et le chapeau un peu de travers ... Non, pas tant ... Voilà. C'est parfait. Vous êtes rajeunie de vingt ans!

MME MACHU. — Ce n'est plus de mon âge d'être si jeune!

MLLE MIMI. — On n'a que l'âge qu'on paraît! Maintenant, vous n'avez guère plus de vingt-cinq ans.

MME MACHU. — J'ai un peu plus d'années que vous ne croyez, mais je reconnais que ce chapeau me rajeunit. Je regrette seulement de ne pas sortir plus souvent. Mais M. Machu est un vieux sauvage. Il n'aime que ses pantoufles.

MLLE MIMI. — Vous viendrez tous les deux à mon mariage, et je suis sûre qu'avec cette petite plume vous ne manquerez pas de danseurs! Mais je voulais encore vous demander quelque chose avant que M. Machu ne revienne. Quand on fait des pommes de terre frites, est-ce qu'il faut d'abord les faire cuire, ou non?

19

Mesdames et Messieurs, mes chers amis!

Vous avez devant vous un homme heureux, je dirai même l'homme le plus heureux du monde. Ma très charmante voisine a bien voulu devenir aujourd'hui la fidèle compagne de ma vie, et vous savez tous que c'est un ange descendu du ciel et pourvu des plus précieuses qualités : de ses doigts agiles, elle peut couronner vos têtes, mesdames, d'une auréole de poésie ; elle peut aussi bien, messieurs, vous servir une merveilleuse soupe à l'oignon, résultat d'une de ces précieuses recettes qu'on se transmet fidèlement dans les familles de mère en fille ; elle est aussi bonne que belle, et de sa beauté vous êtes tous ici les témoins authentiques. Que mon hommage ému, et le vôtre, aille donc d'abord à celle qui a tout de suite conquis mon cœur. *(Applaudissements. Cris de «Vive la mariée! »)*

Un grand mur, un mur cruel, nous séparait. Grâce à notre aimable et compréhensif propriétaire, il a disparu. On dit souvent que la foi fait tomber les murailles. L'amour aussi... C'est l'amour qui a fait de ces deux chambres solitaires un seul appartement, et de deux personnes seules un couple uni. C'est lui qui vous a réunis ici ce soir, entre ciel et terre, assez haut pour entendre le chœur des voix célestes qui se réjouissent de notre bonheur humain, assez bas pour garder un contact intime avec la réalité quotidienne. C'est ce qu'on appelle une position stratégique... *(Rires.)*

La présence ici de Mme Machu est un émouvant symbole. Cette gardienne infatigable de notre vieille maison n'a pas hésité à quitter pour un soir son poste de combat pour monter jusqu'à nous et nous apporter le témoignage de sa chaude sympathie. Elle a quitté aussi son fidèle balai, et l'a remplacé par cette petite plume verte qui flotte fièrement sur sa tête comme le drapeau de cette maison. Madame Machu, je lève mon verre à votre santé et vous remercie chaleureusement ainsi que tous ceux qui sont venus nous apporter leurs vœux de bonheur, et j'espère que vous me ferez le grand honneur de danser avec moi la première danse ... sur le palier!

(Applaudissements. Cris de: «Vive le marié! Vive Mme Machu! »)

Vocabulaire

le vitrier — der Glaser
la modiste — die Modistin, Putzmacherin
le, la locataire — der, die Mieter(in)

❶

l'importance f — die Wichtigkeit
la loge — die (Pförtner-)Loge
la porte vitrée — die Glastür
la position stratégique — die strategische Lage
un écriteau — ein Plakat, Schild
le paquet [pakɛ] — das Paket
fuir — *(vom Wasserhahn)* undicht sein
paralysé, e — gelähmt
la crise — die Krise; der Anfall
le rhumatisme — der Rheumatismus
le potage — die Suppe
la consultation — die Sprechstunde
médical, e — medizinisch
le cordon — die Leine, Kordel
patient, Adv. patiemment — geduldig
le balai [balɛ] — der Besen

❷

tu n'y es pas — *hier:* du irrst dich
emménager [ãmenaʒe] — einziehen
s'approprier qc — sich etw. aneignen
le tas [ta] — der Haufen

❸

le cerveau — das Gehirn
le rhume de cerveau — der Schnupfen
au fait [fɛt] — eigentlich
de pire en pire — immer schlimmer
renverser — umstoßen, umwerfen
le manteau — der Mantel
abîmer — verderben; beschädigen, zer-[reißen
prêter — (aus)leihen
le garçon de recette — der Kassierer, Kassenbote
le bleu — der blaue Fleck

❹

le carreau — die (Fenster-)Scheibe
le boulanger — der Bäcker

5

usé, e	abgenützt, verschlissen
la barbe	der Bart
l'amabilité f	die Liebenswürdigkeit, Freundlichkeit
cultivé, e	gebildet
s'adresser à	sich wenden an
la crainte [krɛ̃:t]	die Furcht
le radar [rada:r]	das Radargerät, Funkmeßgerät

6

la détonation	die Detonation, der Knall
la bonne	die Hausgehilfin, das Mädchen
le rayon de soleil	der Sonnenstrahl
inspirer	inspirieren, eingeben
la montre	die (Taschen-, Armband-)Uhr
avertir	warnen; benachrichtigen
évident, Adv. évidemment	natürlich, selbstverständlich
un assassin [asasɛ̃]	ein Mörder
idiot, e [idjo, idjɔt]	blödsinnig, dumm, verrückt

7

n'importe quoi	irgend etwas
le talent	das Talent, die Begabung
la poésie	die Poesie, Dichtung; die Dichtkunst

8

la charge	die Last; die Verpflichtung
la limite	die Grenze
une inscription	eine Inschrift; eine Aufschrift
le coupable	der Schuldige

9

discret, ète [diskrɛ, -krɛt]	verschwiegen
de toute façon	sowieso
la félicitation	der Glückwunsch
la noce	die Hochzeit(sfeier)
épouser qn	jdn. heiraten
nourrir	ernähren; aufziehen

10

la fiancée [fjɑ̃se]	die Verlobte, Braut
directement	geradewegs
la créature	das Geschöpf

31

la madone [madɔn]	die Madonna
une apparition	eine Erscheinung
céleste	himmlisch, Himmels-
le palier	der Treppenabsatz
après tout	alles in allem; schließlich
une idylle [idil]	ein Idyll
justement	*hier:* das ist es ja eben
stupide	dumm, blödsinnig
démolir	zerstören
l'amour m	die Liebe

⓫

c'est mon tour	ich bin an der Reihe
obéissant [ɔbeisã]	gehorsam, folgsam
d'habitude	gewöhnlich
pâlir	erbleichen, blaß werden
à sa recherche	auf der Suche (nach ihm)
recoller	(wieder) zusammenkleben
la facture	die Rechnung

⓬

le feuilleton [fœjtõ]	der Fortsetzungsroman
se raser	sich rasieren
palpitant, e	fesselnd, spannend
se débattre	sich wehren
effleurer	streifen
le bond	der Sprung, der Satz
prodigieux, se	wunderbar; ungeheuer, gewaltig
le cavalier	der Reiter
terrifiant, e	schreckenerregend, schrecklich

⓭

décoré de la Légion d'honneur	mit dem Kreuz der Ehrenlegion ausgezeichnet
pratiquement	praktisch
le petit-cousin	der Vetter zweiten Grades
la belle-sœur	die Schwägerin
quel dommage!	wie schade!
le mari modèle	der vorbildliche Gatte
mettre une annonce dans un journal	eine Anzeige aufgeben, in einer Zeitung inserieren
le bureau de location	das Wohnungsvermittlungsbüro